TIPP

Auberginen haben im Vergleich zu Zucchini eine längere Garzeit. Damit sie trotzdem schön weich werden, sollten die Auberginen- würfel besonders fein geschnitten werden.

STEFANIE HIEKMANN

1 POT
PASTA
... basta!

CREATISSIMO

30 Nudelgerichte aus einem Topf

EMF

EIN BUCH DER
EDITION MICHAEL FISCHER

Inhalt

1 POT PASTA
alles in einem Topf

Die Nudeln kochen in einem Topf, Soße und Beilagen brutzeln in anderen Töpfen und Pfannen daneben. So werden Pastagerichte in den meisten Haushalten gekocht. Der One-Pot-Pasta-Trend, der durch einen Beitrag der US-amerikanischen Fernsehköchin Martha Stewart weltweit ins Rollen gebracht worden ist, vereinfacht diesen Prozess: Hier passiert alles in einem einzigen Topf. Der Clou dabei: Die Nudeln werden direkt mit einer abgemessenen Flüssigkeitsmenge und allerlei Gewürzen, Kräutern und Gemüse zum Kochen gebracht und nehmen die leckeren Aromen so bereits beim Kochen auf. Die Stärke, die von den Nudeln ins Kochwasser freigesetzt wird, sorgt für eine feine, sämige Soße – so wie wir sie uns für leckere Pasta wünschen!

Dieses Buch umfasst neben vielen Tipps und Anregungen 30 klassische und international inspirierte One-Pot-Pasta-Rezepte für zwei bis drei Portionen, die allesamt innerhalb weniger Minuten auf dem Tisch sind – und das bei minimalem Abwaschaufwand, aber maximalem Geschmack!

DIE FAUSTFORMEL

Eine Faustformel für das Mengenverhältnis bei One Pot Pasta ist 2:1, also zwei Teile Flüssigkeit auf einen Teil Nudeln. Der Deckel bleibt dabei auf dem Topf – natürlich mit Ausnahme vom Umrühren. So wird energiesparend gegart und nur so viel Flüssigkeit zugegeben, wie die Teigwaren auch tatsächlich aufnehmen können.

Je nach Nudelsorte und weiteren Zutaten gibt es bei der Faustformel 2:1 kleine Abweichungen zu beachten. Denn dünne Nudeln, wie Spaghetti, benötigen etwas weniger Flüssigkeit als dickere Nudeln wie zum Beispiel Makkaroni. Darüber hinaus gibt das Gemüse, das im Topf mitgegart wird, auch immer noch unterschiedlich viel Flüssigkeit ab. Diese Faktoren sollten beim Kochen beachtet werden. Im Zweifelsfall daher lieber erst etwas weniger Flüssigkeit verwenden, sodass die One Pot Pasta eine schöne Konsistenz erhält und nicht zu flüssig wird.

In diesem Buch wird als Flüssigkeitsgrundlage eine leichte, hausgemachte Gemüsebrühe verwendet. Wer sehr salzhaltigen Fond verwendet, sollte die im Rezept angegebene Salzmenge erst reduzieren und gegebenenfalls beim Abschmecken nachsalzen.

DIE GARZEIT

Kleine Schwankungen kann es übrigens auch bei der Kochzeit geben: Denn je nach Hersteller und Form haben Nudeln eine unterschiedlich lange Garzeit – meistens zwischen acht und zwölf Minuten. Bestenfalls nach der angegebenen Zeit testen, ob die Nudeln die gewünschte Konsistenz erreicht haben. Teilweise benötigen Nudeln in der One-Pot-Variante ein bis zwei Minuten länger.

Ansonsten sind der Kreativität beim One-Pot-Kochen keine Grenzen gesetzt: Rein in den Topf, ausprobieren und los! Viel Spaß beim Kochen!

Stefanie

PASTA
Ratatouille

Zutaten

250 g Tortiglioni

1 Zwiebel, fein gewürfelt

1 Knoblauchzehe, fein gehackt

2 kleine Zucchini, gewürfelt

1 Aubergine, sehr fein gewürfelt

150 g Kirschtomaten, geviertelt

1 EL gemischte getrocknete italienische Kräuter (Rosmarin, Basilikum, Thymian, Oregano)

1 TL Salz

½ TL Zucker

150 g passierte Tomaten

400 ml Gemüsebrühe

2 EL fruchtiges Olivenöl

100 g grüne Oliven ohne Stein, ggf. halbiert

Salz, Pfeffer

Basilikumblätter

Viel frisches Gemüse, mediterrane Kräuter und Olivenöl – das sind die wichtigsten Zutaten für eine sommerliche Ratatouille. Das französische Gemüsegericht kann warm oder kalt gegessen werden. Zusammen mit Nudeln wird eine sättigende Mahlzeit daraus, die nicht nur im Sommer richtig gut schmeckt!

1. Tortiglioni zusammen mit Zwiebel, Knoblauch, Zucchini- und Auberginenwürfeln, Tomaten, Kräutern, Salz und Zucker in einen großen Kochtopf geben. Passierte Tomaten und Gemüsebrühe zugießen, alles vermengen und unter Rühren zum Kochen bringen.

2. Die One Pot Pasta bei mittlerer Hitze und geschlossenem Deckel rund 13 Minuten kochen lassen, bis die Nudeln die Flüssigkeit nahezu vollständig aufgenommen haben. Dabei immer wieder umrühren.

3. Nach Ende der Garzeit das Olivenöl und die Oliven unterheben und die Ratatouille-Pasta mit Salz und Pfeffer abschmecken. Mit frischen Basilikumblättern garniert servieren.

PASTA
Bolognese

Zutaten

1–2 EL Sonnenblumenöl

350 g Rinderhackfleisch

1 rote Zwiebel,
fein gewürfelt

1 Knoblauchzehe,
fein gehackt

2 kleine Möhren,
fein gewürfelt

2 Stangen Staudensellerie,
fein gewürfelt

2 EL Tomatenmark

100 g Tomaten, gehackt
oder passiert

450 ml Fleisch- oder
Gemüsebrühe

50 ml trockener Rotwein

250 g Spaghetti

1 EL gemischte getrock-
nete italienische Kräuter
(Oregano, Thymian,
Basilikum)

1 TL Salz,

½ TL Zucker

ggf. Chiliflocken nach
Geschmack

150 g Kirschtomaten,
geviertelt

Salz, Pfeffer

Basilikumblätter

Saftiges Rindfleisch, Tomaten, Möhren, Sellerie und ein Schuss Wein dürfen in einer echten Bolognese-Soße nicht fehlen. Sehr schnell gemacht und ein echter One-Pot-Favorit!

1. Das Öl in einer tiefen Schmorpfanne erhitzen und das Rinderhackfleisch darin von allen Seiten krümelig und scharf anbraten.

2. Nach ein bis zwei Minuten Zwiebel, Knoblauch, Möhren, Sellerie, Tomatenmark, Tomaten, Brühe und Rotwein in die Pfanne geben und alles vorsichtig vermengen. Spaghetti, Kräuter, Salz, Zucker und Chiliflocken hinzufügen und die One Pot Pasta unter Rühren zum Kochen bringen.

3. Die One Pot Pasta bei mittlerer Hitze und geschlossenem Deckel rund zehn bis zwölf Minuten kochen lassen. Dabei immer wieder umrühren. Sobald die Nudeln die gewünschte Konsistenz erreicht haben, die Kirschtomaten unterheben und die One Pot Pasta mit Salz und Pfeffer abschmecken und mit frischen Basilikumblättern garniert servieren.

AGLIO *e Olio*

Zutaten

3–4 EL Olivenöl

½ Chilischote, entkernt, fein gehackt (Menge nach Geschmack variieren)

5 Knoblauchzehen, in feinen Scheiben

500 ml Gemüsebrühe

½ TL Salz

250 g Spaghetti

½ Bund Petersilie, fein geschnitten

Salz

Pfeffer

4 EL frisch geriebener Parmesankäse

Basilikumblätter und Petersilienblätter

Würzig und scharf: Mit Knoblauch, Chili und Olivenöl bringt diese One Pot Pasta ordentlich Geschmack auf den Teller. Und das Beste: Die Zutaten hat man meist ohnehin zu Hause!

1. Das Olivenöl in einer tiefen Schmorpfanne erhitzen und die Chilistücke und den Knoblauch darin bei mittlerer Hitze leicht rösten.

2. Nach zwei bis drei Minuten die Gemüsebrühe zugießen, Salz und Nudeln in die Pfanne geben und die One Pot Pasta unter Rühren zum Kochen bringen.

3. Die Nudeln bei mittlerer Hitze und geschlossenem Deckel rund acht bis zehn Minuten kochen lassen, dabei immer wieder umrühren.

4. Ein bis zwei Minuten vor Ende der Garzeit die Petersilie unterheben. Die One Pot Pasta mit Salz und Pfeffer abschmecken und mit geriebenem Parmesankäse und frischen Kräutern bestreut servieren.

EIN BUCH DER EDITION MICHAEL FISCHER

Burger-Revolution
vegetarisch/vegan
ISBN 978-3-863 55-532-0

www.emf-verlag.de
facebook.com/EditionMichaelFischer

TIPP

Was eigentlich für alle One-Pot-Varianten gilt, ist hier besonders wichtig: Die Pasta frisch genießen! Denn durch längeres Ziehen saugen die Nudeln immer mehr Flüssigkeit und damit die in der One Pot Pasta enthaltene Soße auf.

TIPP

Wer mag, gibt eine fein gehackte Knoblauchzehe in den Topf, so wird die One Pot Pasta noch pikanter.

PASTA Pomodoro

Zutaten

250 g Spaghetti

400 g Kirschtomaten, geviertelt

1 rote Zwiebel, fein gewürfelt

1 EL gemischte getrocknete italienische Kräuter (Rosmarin, Basilikum, Thymian, Oregano)

1 Msp. Chiliflocken

½ TL Zucker

1 TL Salz

500 ml Gemüsebrühe

2 EL Olivenöl

Salz, Pfeffer

3 EL Pinienkerne, geröstet

3–4 EL frisch gerieben Parmesankäse

Die wohl bekannteste und schnellste Art, Pasta zu genießen: mit einer fruchtigen Soße aus frischen Tomaten und Kräutern. In der One-Pot-Variante entsteht durch die Stärke der Nudeln eine feine und aromatische Soße – lecker!

1. Spaghetti zusammen mit Tomaten, Zwiebel, Kräutern, Chiliflocken, Zucker, Salz und Gemüsebrühe in einen großen Topf geben. Unter Rühren zum Kochen bringen.

2. Die One Pot Pasta bei geschlossenem Deckel ca. neun bis zehn Minuten kochen lassen, bis die Flüssigkeit nahezu vollständig von den Nudeln aufgenommen worden ist. Dabei immer wieder umrühren, sodass die Spaghetti nicht verkleben oder am Topfboden anbrennen.

3. Kurz vor dem Servieren das Olivenöl unter die Pasta heben und mit Salz und Pfeffer abschmecken. Auf Tellern anrichten und mit Pinienkernen und Parmesankäse bestreut servieren.

PAPRIKA
& Chorizo

Zutaten

250 g Farfalle

75 g Chorizowurst, gewürfelt

2 rote Paprikaschoten, gewürfelt

100 g Kirschtomaten, geviertelt

1 kleine Zwiebel, fein gewürfelt

1 Knoblauchzehe, fein gehackt

½ TL Salz

1 Prise Zucker

450 ml Geflügel- oder Gemüsebrühe

Salz, Pfeffer

Einfach, aber unglaublich würzig und pikant: Durch die spanische Paprikawurst Chorizo, die frischen Paprika-schoten und den Knoblauch bekommt diese Pasta ordentlich Würze und einen Geschmack, der an Urlaub am Mittelmeer erinnert.

1. Farfalle zusammen mit Chorizowurst, Paprika, Toma-ten, Zwiebel, Knoblauch, Salz und Zucker in einen großen Topf geben. Brühe zugießen und alles gut vermengen. Unter Rühren zum Kochen bringen.

2. Die One Pot Pasta bei mittlerer Hitze und geschlos-senem Deckel etwa zwölf Minuten kochen lassen. Dabei immer wieder umrühren.

3. Sobald die Nudeln die Flüssigkeit nahezu vollständig aufgenommen haben, die One Pot Pasta mit Salz und Pfeffer abschmecken und direkt servieren.

TIPP
Wer gerne scharf isst, gibt einfach noch etwas Chili in den Topf – er passt wun-derbar zu Chorizo und Paprika.

TIPP

Selbst gemachtes Pesto im Kühlschrank? Einfach mal damit experimentieren und kurz vor Ende der Garzeit unter die Pasta heben. Tomaten-, Rucola- oder auch Walnusspesto passen zum Beispiel ganz wunderbar.

PASTA *Caprese*

Zutaten

- 250 g Gnocchi-Nudeln
- 250 g Kirschtomaten, geviertelt
- 1 Zwiebel, fein gewürfelt
- 1 Knoblauchzehe, fein gehackt
- 1 Msp. Chiliflocken
- 1 TL getrocknetes Basilikum
- ½ TL Salz
- 1 Prise Zucker
- 500 ml Gemüsebrühe
- 125 g Büffelmozzarella, gewürfelt
- 3 EL Basilikumpesto
- Salz, Pfeffer
- Basilikumblätter

Ein echter Klassiker der italienischen Küche: Der bunte Vorspeisensalat „Caprese" aus Tomaten- und Mozzarellascheiben, Basilikum und fruchtigem Olivenöl. Mit leckerer Pasta wird daraus ein feines Hauptgericht, das binnen weniger Minuten auf dem Tisch steht!

1. Gnocchi-Nudeln, Tomaten, Zwiebel, Knoblauch, Chiliflocken, Basilikum, Salz, Zucker und Gemüsebrühe in einen großen Topf geben. Alle Zutaten vermengen und unter Rühren zum Kochen bringen.

2. Die One Pot Pasta bei mittlerer Hitze und geschlossenem Deckel rund zehn bis zwölf Minuten kochen lassen, bis die Nudeln die Flüssigkeit nahezu komplett aufgenommen haben. Dabei immer wieder einmal umrühren.

3. Etwa eine Minute vor Ende der Garzeit die Mozzarellawürfel und das Pesto unterheben. Kurz mit erwärmen, leicht schmelzen lassen und die Pasta mit Salz und Pfeffer abschmecken. Mit frischen Basilikumblättern garniert servieren.

ZUCCHINI
Zitrone & Rosmarin

Zutaten

250 g Conchiglie

1 Zwiebel, fein gehackt

1 Knoblauchzehe, fein gehackt

1 große Zucchini, fein gewürfelt

1 TL getrockneter Rosmarin

1 TL flüssiger Honig

500 ml Gemüsebrühe

½ TL Salz

50 ml Sahne

abgeriebene Schale von ½ Biozitrone

1 EL Zitronensaft, frisch gepresst

Salz, Pfeffer

frische Rosmarinnadeln

Durch die geriebene Zitronenschale schmeckt diese One Pot Pasta ganz besonders frisch und fein. Passt perfekt zur milden Zucchini und zur leichten Sahnesoße! Eine Portion Sommer auf dem Teller? Aber ja!

1. Conchiglie, Zwiebel, Knoblauch, Zucchini, Rosmarin, Honig, Gemüsebrühe und Salz in einen großen Topf geben und unter Rühren zum Kochen bringen.

2. Die One Pot Pasta bei mittlerer Hitze und geschlossenem Deckel rund zwölf Minuten kochen lassen, dabei immer wieder umrühren.

3. Kurz bevor die Nudeln die Flüssigkeit nahezu komplett aufgenommen haben, die Sahne zugießen, die frisch geriebene Zitronenschale unterheben und 30 Sekunden mit erwärmen. Die One Pot Pasta mit Zitronensaft, Salz und Pfeffer abschmecken und mit frischen Rosmarinnadeln garniert servieren.

PASTA *Funghi*

Zutaten

250 g Penne rigate

200 g weiße Champignons, gewürfelt oder in Scheiben

200 g braune Champignons, gewürfelt oder in Scheiben

1 Zwiebel, fein gewürfelt

1 Knoblauchzehe, fein gehackt

1 TL Salz

1 Prise Zucker

400 ml Gemüsebrühe

75 ml Weißwein

50 ml Sahne

Salz, Pfeffer

2–4 EL frisch geriebener Parmesankäse

2 EL Petersilienblätter

Das i-Tüpfelchen für diese cremige Pasta mit Pilzen: ein Schuss Weißwein in der Soße. Wer es noch würziger haben möchte, experimentiert mit Thymian und frisch gemahlenem Pfeffer.

1. Penne, Champignons, Zwiebel, Knoblauch, Salz, Zucker, Gemüsebrühe und Weißwein in einen großen Topf geben und unter Rühren zum Kochen bringen.

2. Die One Pot Pasta bei mittlerer Hitze und geschlossenem Deckel rund zehn bis zwölf Minuten kochen lassen, dabei immer wieder umrühren.

3. Kurz vor Ende der Garzeit die Sahne hinzugießen, vorsichtig verrühren und eine weitere Minute köcheln lassen. Die One Pot Pasta mit Salz und Pfeffer abschmecken und mit frisch geriebenem Parmesankäse und Petersilienblättern bestreut servieren.

TIPP

Für eine etwas herbere Version des Gerichts einfach 1–2 TL getrocknete Thymianblätter mit in den Topf geben und mitkochen. Passt super zu den Pilzen.

LACHS
& Spinat

Zutaten

250 g Tagliatelle

150 g Baby-Spinat, gewaschen, abgetropft

1 Zwiebel, fein gewürfelt

1–2 Knoblauchzehen, fein gehackt

100 ml Weißwein

100 ml Sahne

300 ml Gemüsebrühe

200 g Räucherlachs, in feinen Streifen

abgeriebene Schale von ½ Biozitrone

Salz, Pfeffer

ggf. frisch geriebener Parmesankäse

Edles Sonntagsessen, das im Nu auf dem Teller ist: Weißwein, Lachs und frischer Baby-Spinat machen diese One Pot Pasta zu einem besonderen Mahl! Der Clou zum Schluss: die frisch geriebene Zitronenschale.

1. Tagliatelle, Spinat, Zwiebel, Knoblauch, Weißwein, Sahne und Gemüsebrühe in einen großen Topf geben und unter Rühren zum Kochen bringen.

2. Die One Pot Pasta bei mittlerer Hitze und geschlossenem Deckel rund sechs Minuten köcheln lassen, dabei immer wieder umrühren.

3. Nach sechs Minuten die Lachsstreifen in den Topf geben, vorsichtig unterheben und die One Pot Pasta weitere ein bis zwei Minuten bei niedriger Temperatur köcheln lassen, bis die Nudeln die gewünschte Konsistenz erreicht haben. Wichtig: Bei sehr dünnen Tagliatelle kann die Garzeit je nach Herstellung und Marke variieren (teilweise nur sechs Minuten!). Dies sollte auch für die One-Pot-Variante beachtet werden: Die Packungsangabe berücksichtigen und zwei Minuten vor Ende der Garzeit den Räucherlachs dazugeben.

4. Die One Pot Pasta mit Zitronenschale, Salz und Pfeffer abschmecken und je nach Geschmack mit frisch geriebenem Parmesankäse bestreuen.

SCAMPI
& buntes Gemüse

Zutaten

3 EL Olivenöl

250 g Scampi

250 g Fussili

400 ml Gemüsebrühe

50 ml Weißwein

4 EL rotes Pesto

½ TL Salz

½ TL Zucker

1 Zwiebel, fein gewürfelt

3 Lauchzwiebeln,
in feinen Ringen

1 Knoblauchzehe,
fein gehackt

1 Paprikaschote,
gewürfelt

1 Zucchini, fein gewürfelt

1 Fenchelknolle,
fein gewürfelt

100 g Kirschtomaten,
halbiert oder geviertelt

1 TL getrockneter
Basilikum

1 Msp. Chiliflocken

1 Spritzer Zitronensaft

Salz, Pfeffer

Basilikumblätter

Paprika, Zucchini, Fenchel, Tomaten, Lauch, Knoblauch und Zwiebeln – dieser Topf ist prall gefüllt mit buntem Gemüse, das perfekt zu kurz gebratenen Scampi und rotem Tomatenpesto passt. Pasta dazu – fertig ist das Hauptgericht!

1. Das Olivenöl in einem zum Braten geeigneten Topf oder in einer tiefen Schmorpfanne erhitzen und die Scampi darin rundherum kurz anbraten, aus dem Topf nehmen und beiseitestellen.

2. Fussili, Gemüsebrühe, Wein, Pesto, Salz, Zucker, Zwiebel, Lauchzwiebeln, Knoblauch, Paprika, Zucchini, Fenchel, Tomaten, getrockneten Basilikum und Chiliflocken in den Topf geben, alle Zutaten vermengen und unter Rühren zum Kochen bringen.

3. Die One Pot Pasta bei mittlerer Hitze und geschlossenem Deckel rund zehn bis zwölf Minuten kochen lassen, dabei immer wieder umrühren.

4. Zwei Minuten vor Ende der Garzeit die Scampi zugeben und mit erwärmen.

5. Die Pasta mit einem Spritzer Zitronensaft, Salz und Pfeffer abschmecken und mit Basilikumblättern garniert servieren.

RIND
& Rotwein

Zutaten

2 EL Pflanzenöl

1 Zweig Rosmarin

250 g Rinderfilet, gewürfelt

Salz

250 g Orecchiette

1 rote Zwiebel, fein gewürfelt

1 Knoblauchzehe, fein gehackt

1 Zucchini, fein gewürfelt

1 Aubergine, sehr fein gewürfelt

2 Möhren, fein gewürfelt

150 g Kirschtomaten, geviertelt

4 getrocknete Tomaten, in feinen Streifen

400 ml Gemüsebrühe

50 ml trockener Rotwein

2 EL Tomatenmark

1 Msp. Chiliflocken

1 TL Salz

½ TL Zucker

1 TL Thymian

1 TL getrockneter Rosmarin

Salz, Pfeffer

Perfekt, wenn sich Gäste angekündigt haben: edles Rinderfilet und buntes Gemüseragout, abgeschmeckt mit Rotwein – Soulfood vom Feinsten!

1. Pflanzenöl in einem zum Braten geeigneten großen Topf erhitzen. Den Rosmarinzweig und die Rinderfiletwürfel hineingeben und rundherum scharf anbraten. Rosmarin und Fleisch aus dem Topf nehmen und beiseitestellen.

2. Orecchiette, Zwiebeln, Knoblauch, Zucchini, Aubergine, Möhren, Kirschtomaten, getrocknete Tomaten, Gemüsebrühe, Rotwein, Tomatenmark, Chili, Salz, Zucker und Kräuter in den Topf geben, alle Zutaten vermengen und unter Rühren zum Kochen bringen.

3. Die One Pot Pasta bei mittlerer Hitze und geschlossenem Deckel rund 13 Minuten kochen lassen, dabei immer wieder umrühren. Orecchiette benötigen je nach Herstellung und Dicke etwas mehr oder weniger Kochzeit. Bitte auf die Packungsangabe schauen und während des Kochens probieren, wie weit die One Pot Pasta bereits gegart ist.

4. Ein bis zwei Minuten vor Ende der Garzeit die Rinderfiletwürfel zurück in den Topf geben, vorsichtig unter die Nudel-Gemüse-Mischung heben und bei mittlerer Hitze mit erwärmen.

5. Die One Pot Pasta mit Salz und Pfeffer abschmecken und direkt servieren.

HÄHNCHEN
& Rucola

Zutaten

2–3 EL Pflanzenöl

300 g Hähnchenbrustfilet, in Streifen

Salz

250 g Gemelli

350 g Zucchini, fein gewürfelt

1 Zwiebel, fein gewürfelt

1 Knoblauchzehe, fein gehackt

1 kleines Stückchen Chili (z.B. Habanero, sehr scharf!)

2 EL Basilikumpesto

1 TL Salz

1 Prise Zucker

450 ml Gemüsebrühe

3 EL Basilikumpesto

Salz, Pfeffer

75 g Rucola

Basilikumblätter

Pasta mit grünem Pesto – der Klassiker der italienischen Küche wird hier aufgepeppt mit zartem Hähnchenbrustfilet, etwas Gemüse und würzigem Rucolasalat. Neugierig?

1. Pflanzenöl in einem zum Braten geeigneten Topf oder in einer tiefen Schmorpfanne erhitzen. Hähnchenbrustfiletstreifen darin ringsherum scharf anbraten, bei niedriger Hitze weitere drei bis vier Minuten im Topf garen. Fleisch aus dem Topf nehmen und beiseitestellen.

2. Gemelli, Zucchini, Zwiebel, Knoblauch, Chili, Pesto, Salz, Zucker und Gemüsebrühe in den Topf geben und unter Rühren zum Kochen bringen.

3. Die One Pot Pasta bei mittlerer Hitze und geschlossenem Deckel rund zehn Minuten kochen lassen, dabei immer wieder umrühren. Kurz vor Ende der Garzeit das Hähnchenbrustfilet und das restliche Pesto unterheben und zwei Minuten mit erwärmen.

4. Die Pasta mit Salz und Pfeffer abschmecken, Rucola daruntermischen und mit Basilikumblättern bestreut servieren.

APRIKOSE
& Rosine

Zutaten

250 g Linguine

1 Msp. Safranfäden

35 g getrocknete
Aprikosen, fein gehackt

30 g Rosinen

1 kleine Zwiebel,
fein gewürfelt

½ TL frische Chili ohne
Kerne, fein gehackt

½ TL Salz

2 EL Butter

550 ml Wasser

50 g Parmesankäse,
zerbröselt oder geraspelt

Mal was anderes: Statt in einer klassischen Tomaten-
oder Sahnesoße wälzen sich die Nudeln hier in einer
pikant-fruchtigen Mischung aus Safran, Früchten, Chili
und geschmolzenem Käse – lecker!

1. Linguine zusammen mit Safran, Trockenfrüchten,
Zwiebel, Chili, Salz und Butter in einen Kochtopf
geben. Wasser zugießen und unter Rühren zum
Kochen bringen.

2. Die One Pot Pasta rund neun bis zehn Minuten bei
mittlerer Hitze und geschlossenem Deckel köcheln
lassen, dabei regelmäßig umrühren. Kurz vor Ende
der Garzeit die Parmesanbrösel unterrühren, schmelzen lassen und sofort servieren.

TIPP

Ein Hochgenuss ist
diese One Pot Pasta
frisch gekocht mit
gerade erst geschmol-
zenem Käse! Anstelle
von Safranfäden kann
auch Safranpulver
verwendet werden.

TIPP

Der marinierte Fetakäse schmeckt als Vorspeise toll zu Baguette oder auf selbst gebackenem Brot. Einfach die doppelte Menge zubereiten.

MARINIERTER FETA
Tomate & Walnuss

Zutaten

150 g Fetakäse in kleinen Würfeln

5 EL Olivenöl

2 EL getrocknete italienische Kräuter

1 Knoblauchzehe, durchgepresst

250 g Conchiglie

100 g getrocknete Tomaten in Öl, abgetropft, in Streifen

150 g Kirschtomaten, halbiert

1 Zwiebel, fein gehackt

1 Knoblauchzehe, fein gehackt

1 EL getrocknete italienische Kräuter

½ TL Salz

500 ml Gemüsebrühe

3 EL geröstete Walnusskerne

Thymian- und Basilikumblätter

Fruchtige Tomaten, cremiger Fetakäse und knackige Walnüsse – diese Kombination geht immer und macht garantiert nicht nur Vegetarier glücklich!

1. Die Fetawürfel etwa drei bis fünf Stunden vor dem Kochen mit Olivenöl, Kräutern und Knoblauch vermengen und abgedeckt im Kühlschrank marinieren.

2. Conchiglie mit getrockneten Tomaten, Kirschtomaten, Zwiebel, Knoblauch, Kräutern, Salz und Gemüsebrühe in einen großen Topf geben und unter Rühren zum Kochen bringen. Die One Pot Pasta bei mittlerer Hitze und geschlossenem Deckel rund elf bis zwölf Minuten kochen, dabei immer wieder umrühren.

3. Die marinierten Fetawürfel unmittelbar vor dem Servieren unterheben. Die One Pot Pasta mit gerösteten Walnusskernen, Thymian- und Basilikumblättern garniert servieren.

GREEK
Style

Zutaten

250 g Kritharaki
(griechische Nudeln, auch
Reisnudeln genannt)

150 g Kirschtomaten,
geviertelt

1–2 Zwiebeln,
fein gewürfelt

2 Knoblauchzehen,
fein gehackt

3 Paprikaschoten (rot,
gelb, grün), fein gewürfelt

1 EL Gyros-Gewürz

½ TL Salz

500 ml Gemüsebrühe

150 g Fetakäse, gewürfelt

Salz, Pfeffer

Basilikumblätter

Kritharaki sehen aus wie große Reiskörner, haben aber nach dem Kochen die Konsistenz von kleinen, etwas festeren Nudeln. Tipp: Die One Pot Pasta als Beilage zu Spießen oder Gyros servieren.

1. Griechische Nudeln, Tomaten, Zwiebeln, Knoblauch, Paprika, Gyros-Gewürz, Salz und Gemüsebrühe in einen großen Topf geben und unter (ständigem!) Rühren zum Kochen bringen.

2. Die One Pot Pasta bei mittlerer Hitze und geschlossenem Deckel rund 15 Minuten kochen lassen, dabei sehr regelmäßig umrühren, die Kritharaki setzen sonst schnell am Topfboden an.

3. Kurz vor Ende der Garzeit die Fetawürfel unterheben, leicht schmelzen lassen und die One Pot Pasta mit Salz und Pfeffer abschmecken und mit frischem Basilikum garniert servieren.

TIPP
Neben dem Fetakäse können kurz vor Ende der Garzeit auch noch 100 g Oliven unter die Pasta gehoben werden.

PASTA Mexiko

Zutaten

250 g Penne lisce

1 Zwiebel, fein gewürfelt

3 Paprikaschoten, bunt gemischt, gewürfelt

150 g Kirschtomaten, geviertelt

150 g Mais, abgetropft

1 TL edelsüßes Paprikapulver

175 g Salsa-Soße (Tomate-Paprika), mild-pikant

Chili nach Geschmack

450 ml Gemüsebrühe

½ TL Salz

150 g Kidneybohnen, gewaschen und abgetropft

Salz, Pfeffer

4–6 Tortillachips

Satte Farben und würzige Aromen: Dafür steht die mexikanische Küche. Diese One Pot Pasta nimmt sich daran ein Beispiel und kommt mit pikanter und leicht scharfer Soße sowie typisch mexikanischem Gemüse daher.

1. Penne, Zwiebel, Paprika, Tomaten, Mais, Paprikapulver, die Hälfte der Salsa-Soße, Chili, Brühe und Salz in einen großen Topf geben und unter Rühren zum Kochen bringen.

2. Die One Pot Pasta bei mittlerer Hitze und geschlossenem Deckel rund zehn bis zwölf Minuten kochen lassen, dabei immer wieder umrühren.

3. Kurz vor Ende der Garzeit die restliche Soße und die Kidneybohnen unterheben und die Pasta mit Salz und Pfeffer abschmecken. Mit ganzen oder zerbröselten Tortillachips garniert servieren.

AFRICAN
Style

Zutaten

250 g Penne rigate

1 TL Ras el-Hanout (afrikanische Gewürzmischung)

2 Schalotten, fein gehackt

150 g Kichererbsen aus dem Glas, gewaschen und abgetropft

1–2 Paprikaschoten, gewürfelt

150 g Kirschtomaten, geviertelt

1 kleine Mango, gewürfelt

150 ml Kokosmilch

½ TL Salz

1 TL Ahornsirup

400 ml Gemüsebrühe

Salz, Pfeffer

Petersilienblätter

Mangowürfel

Ras el-Hanout ist eine afrikanische Gewürzmischung, die in unterschiedlichen Mischungsverhältnissen angeboten wird. Hauptzutaten sind oft Muskatnuss, Sternanis, Ingwer, Nelken, Kardamom, Zimt, Schwarzkümmel und Chili.

1. Penne, Ras el-Hanout, Schalotten, Kichererbsen, Paprika, Tomaten, Mango, Kokosmilch, Salz, Ahornsirup und Brühe in einen großen Topf geben und alle Zutaten gut miteinander vermengen. Unter Rühren zum Kochen bringen.

2. Bei mittlerer Hitze und geschlossenem Deckel etwa zwölf Minuten kochen lassen, dabei immer wieder umrühren.

3. Die One Pot Pasta mit Salz und Pfeffer abschmecken und mit Petersilienblättern und frischen Mangowürfeln bestreut servieren.

PASTA *Oriental*

Zutaten

- 250 g Tubettini oder Penne rigate
- 1 Zwiebel, fein gehackt
- 300 g Brokkoliröschen
- 150 g (bunte) Möhren, fein gewürfelt
- 150 g Paprika, gewürfelt
- 2 getrocknete Feigen, fein gewürfelt
- 2 getrocknete Datteln, fein gewürfelt
- 1 TL Garam-Masala-Gewürzmischung
- 1 TL Kurkuma
- 1 geh. EL crunchy Erdnussbutter
- 1 Msp. Chiliflocken
- 150 ml Kokosmilch
- 350 ml Gemüsebrühe
- ½ TL Salz
- Salz, Pfeffer
- 4 EL Erdnusskerne, geröstet

Kokosmilch und Erdnussbutter machen diese bunte One Pot Pasta besonders cremig. Wichtig: Bei so viel süßen Aromen aus Feigen, Datteln und Möhren die Chiliflocken nicht vergessen. Süß und scharf passen hier wunderbar zusammen.

1. Nudeln, Zwiebel, Brokkoli, Möhren, Paprika, Feigen, Datteln, Gewürze, Erdnussbutter, Chiliflocken, Kokosmilch, Gemüsebrühe und Salz in einen großen Kochtopf geben und unter Rühren zum Kochen bringen.

2. Die One Pot Pasta bei mittlerer Hitze und geschlossenem Deckel rund zehn bis zwölf Minuten kochen lassen, dabei immer wieder umrühren.

3. Sobald die Nudeln die Flüssigkeit nahezu vollständig aufgenommen haben, die One Pot Pasta mit Salz und Pfeffer abschmecken und mit Erdnusskernen bestreut servieren.

RED
Curry

Zutaten

250 g Fussili

1 Paprikaschote, gewürfelt

1 dünne Stange Lauch, in feinen Ringen

1–2 Möhren, fein gewürfelt

150 g Kirschtomaten, geviertelt

100 g Zuckerschoten, von den spitzen Enden befreit

100 g Champignons, halbiert oder geviertelt

2 EL Tomatenmark

2 TL rote Currypaste

150 ml Kokosmilch

400 ml Gemüsebrühe

½ TL Salz

1 TL Ahornsirup

4 TL gerösteter schwarzer und weißer Sesam

Salz, Pfeffer

Curry geht nicht nur mit Reis, sondern auch zu Nudeln – und zwar ganz wunderbar! Wer es noch reichhaltiger haben möchte, gibt noch ein paar dünne Hähnchen-bruststreifen mit in den Topf.

1. Fussili, Paprika, Lauch, Möhren, Tomaten, Zucker-schoten, Champignons, Tomatenmark, Currypaste, Kokosmilch, Gemüsebrühe, Salz, Ahornsirup und die Hälfte des Sesams in einen großen Topf geben, unter Rühren zum Kochen bringen.

2. Die One Pot Pasta bei mittlerer Hitze und geschlos-senem Deckel etwa elf bis zwölf Minuten kochen lassen, dabei immer wieder umrühren.

3. Die Pasta mit Salz und Pfeffer abschmecken und mit den restlichen gerösteten Sesamsamen be-streut servieren.

TIPP

Das Hähnchenbrustfilet muss nicht zwingend vor dem Kochen angebraten werden. Wer auf die Röstaromen verzichten möchte, schneidet die Hähnchenbrust schön schmal und gibt sie mit den anderen Zutaten in den Topf und kocht sie mit.

CHICKEN CURRY
mit Pfirsichen

Zutaten

2–3 EL Sonnenblumenöl

250 g Hähnchenbrustfilet, in Streifen

400 ml Gemüsebrühe

100 ml Kokosmilch

2 TL Currypulver

1 TL rote Currypaste

1 Msp. Chiliflocken

1 TL Salz

250 g Fussili

1 Zwiebel, fein gewürfelt

1 gelbe Paprikaschote, gewürfelt

1 grüne Paprikaschote, gewürfelt

½ TL Honig

2 Pfirsiche, gewürfelt

Saft von ½ Orange, frisch gepresst

Salz, Pfeffer

Fruchtig, cremig und pikant: Die Kombination aus Hähnchenbruststreifen und Pfirsichen schmeckt super und wird am Ende noch durch etwas frischen Orangensaft abgerundet. Etwas Schärfe dazu? Einfach noch ein paar Chiliflocken hinzugeben und nach Geschmack und gewünschtem Schärfegrad dosieren!

1. Sonnenblumenöl in einem zum Braten geeigneten großen Topf oder in einer tiefen Schmorpfanne erhitzen und die Hähnchenbrustfiletstreifen darin von allen Seiten scharf anbraten.

2. Nach zwei Minuten die Gemüsebrühe und die Kokosmilch zugießen. Currypulver, Currypaste, Chiliflocken, Salz, Fussili, Zwiebel, Paprika, Honig und Pfirsichwürfel ebenfalls hinzugeben und unter Rühren zum Kochen bringen.

3. Die One Pot Paste bei mittlerer Hitze und geschlossenem Deckel rund zehn bis zwölf Minuten kochen lassen, dabei immer wieder umrühren.

4. Kurz vor Ende der Garzeit den frisch gepressten Orangensaft unterrühren und die Pasta mit Salz und Pfeffer abschmecken. Sofort servieren.

ERDNUSS
& Spinat

Zutaten

250 g Mafaldine

150 g Baby-Spinat

150 g Karotten,
fein gewürfelt

150 g Brokkoliröschen

1 Zwiebel, fein gewürfelt

1 EL grüne Currypaste

½ TL Salz

½ TL flüssiger Honig

2 EL crunchy
Erdnussbutter

150 ml Kokosmilch

350 ml Gemüsebrühe

Salz, Pfeffer

4 EL Erdnusskerne,
geröstet

Erdnussbutter gehört völlig zu Recht zu den Geheimzutaten für leckere, cremige Pastasoßen. In Kombination mit Kokosmilch oder Curry funktioniert das Nussmus perfekt und passt hier auch ganz wunderbar zu Spinat, süßen Karotten und frischem Brokkoli. Wohlfühlküche, wie sie im Buche steht!

1. Mafaldine, Spinat, Karotten, Brokkoli, Zwiebel, grüne Currypaste, Salz, Honig, Erdnussbutter, Kokosmilch und Gemüsebrühe in einen großen Topf geben und unter Rühren zum Kochen bringen.

2. Die One Pot Pasta bei mittlerer Hitze und geschlossenem Deckel rund zehn bis zwölf Minuten kochen lassen, dabei immer wieder umrühren.

3. Sobald die Nudeln die Flüssigkeit nahezu vollständig aufgenommen haben und die gewünschte Konsistenz erreicht haben, die One Pot Pasta mit Salz und Pfeffer abschmecken und mit gerösteten Erdnusskernen bestreut servieren.

TIPP

Frische Kräuter zur Hand? Diese One Pot Pasta kann super mit frischen Korianderblättern bestreut und serviert werden!

TIPP

One Pot Pasta sollte grundsätzlich direkt gegessen werden, da sie frisch am besten schmeckt. Bei dieser Variante ist es besonders wichtig, sie nicht wieder aufzuwärmen: Avocadofrüchte neigen bei zu starkem Erhitzen dazu, bitter zu schmecken.

AVOCADO & Tomate

Zutaten

250 g Fussili

250 g Kirschtomaten, geviertelt

1 rote Zwiebel, fein gewürfelt

1 Knoblauchzehe, fein gehackt

50 g getrocknete Tomaten in Öl, abgetropft, in Streifen

½ TL Salz

500 ml Gemüsebrühe

1 Msp. Chiliflocken

geriebene Schale von ½ Biozitrone

1 Hass-Avocado

1 TL Zitronensaft

Pfeffer

2 EL Olivenöl

Salz, Pfeffer

3 EL Pinienkerne, geröstet

Eigentlich eine simple Tomaten-Pasta – doch Avocado und Zitrone geben dem Gericht einen besonders frischen und cremigen Geschmack. Perfekt für warme Sommertage – und auch sonst!

1. Fussili, Tomaten, Zwiebel, Knoblauch, getrocknete Tomaten, Salz, Gemüsebrühe und Chiliflocken in einen großen Topf geben und unter Rühren zum Kochen bringen.

2. Die One Pot Pasta bei mittlerer Hitze und geschlossenem Deckel etwa zehn bis zwölf Minuten kochen lassen, dabei immer wieder umrühren.

3. Erst unmittelbar vor Ende der Garzeit die geriebene Zitronenschale hinzufügen. Avocado würfeln und direkt mit dem Zitronensaft vermengen. Zusammen mit dem Olivenöl zur One Pot Pasta geben, vorsichtig vermengen und mit Salz und Pfeffer abschmecken. Mit Pinienkernen bestreuen und sofort servieren.

SPARGEL
& Tomate

Zutaten

250 g Penne liscie

1 Zwiebel, fein gewürfelt

1 Knoblauchzehe, fein gehackt

200 g Kirschtomaten, geviertelt

500 g grüner Spargel, geschält, in 1–2 cm langen Stücken

50 g getrocknete Tomaten in Öl, abgetropft, in Streifen

2 EL rotes Pesto

1 TL gemischte getrocknete italienische Kräuter (Rosmarin, Basilikum, Thymian, Oregano)

450 ml Gemüsebrühe

½ TL Salz

½ TL Zucker

2 EL rotes Pesto

Salz, Pfeffer

Grüner Spargel ist in gut zehn Minuten gegart – ähnlich wie Nudeln. Daher funktionieren die beiden auch perfekt in einem Topf: Zusammen mit einer leichten Tomatensoße entsteht ein frühlingsfrisches Pastagericht!

1. Penne, Zwiebel, Knoblauch, Tomaten, Spargel, getrocknete Tomaten, Pesto, Kräuter, Brühe, Salz und Zucker in einen großen Topf geben und unter Rühren zum Kochen bringen.

2. Die One Pot Pasta bei mittlerer Hitze und geschlossenem Deckel rund zehn Minuten kochen lassen, dabei immer wieder umrühren.

3. Kurz vor Ende der Garzeit das restliche Pesto unterrühren. Die Pasta mit Salz und Pfeffer abschmecken und sofort servieren.

TIPP

Sind die Spargelstangen besonders dünn, am besten erst drei bis vier Minuten später in den Topf geben, sodass die Spargelstücke nicht zu weich werden.

KÜRBIS
& Kokosmilch

Zutaten

250 g Farfalle

1 Zwiebel, fein gewürfelt

250 g Hokkaido-Kürbis,
fein gewürfelt, mit Schale

150 g Möhren,
fein gewürfelt

1 Stück Ingwer (3 cm), fein
gerieben

½ TL Honig

150 ml Kokosmilch

350 ml Gemüsebrühe

1 TL Salz

1 TL getrockneter Thymian

2 EL Thymianblätter

4 EL Kürbiskerne, geröstet

Die Klassiker aus dem Herbst: cremige Kürbiscreme-suppe mit Gewürzen, Kräutern und Kokosmilch. Die zugehörige One Pot Pasta ist in weniger als 15 Minuten auf dem Tisch!

1. Farfalle, Zwiebel, Kürbis, Möhren, Ingwer, Honig, Kokosmilch, Gemüsebrühe, Salz und Thymian in einen großen Topf geben und unter Rühren zum Kochen bringen.

2. Die One Pot Pasta bei mittlerer Hitze und geschlos-senem Deckel rund elf bis zwölf Minuten kochen lassen, dabei immer wieder umrühren.

3. Die Kürbis-Nudeln mit frischen Thymianblättern und gerösteten Kürbiskernen garniert servieren.

FENCHEL & Feige

Zutaten

250 g Gemelli

1 Zwiebel, fein gewürfelt

2 Knoblauchzehen,
fein gehackt

250 g Kirschtomaten,
geviertelt

300 g Fenchel
(1–2 Knollen), in Würfeln

1 TL Salz

½ TL Honig

1 kleines Stückchen Chili
(z.B. Habanero),
fein gehackt

1 TL gemischte getrock-
nete italienische Kräuter,
(Rosmarin, Basilikum,
Thymian, Oregano)

450 ml Gemüsebrühe

2 EL fruchtiges Olivenöl

Salz, Pfeffer

4 frische Feigen,
in Spalten

Fenchelgrün

Fenchel gehört zu den sehr milden und leichten Gemüsesorten. Da kommen etwas feurige Chili, fruchtige Tomaten, Olivenöl und süße Feigen wie gerufen.

1. Gemelli, Zwiebel, Knoblauch, Tomaten, Fenchel, Salz, Honig, Chili, Kräuter und Gemüsebrühe in einen großen Topf geben und unter Rühren zum Kochen bringen.

2. Die One Pot Pasta bei mittlerer Hitze und geschlossenem Deckel rund zehn Minuten kochen lassen, dabei immer wieder umrühren.

3. Kurz vor Ende der Garzeit das Olivenöl unterheben und die Pasta mit Salz und Pfeffer abschmecken. Die One Pot Pasta auf Tellern mit den frischen Feigen und etwas Fenchelgrün anrichten und sofort servieren.

TIPP

Wer es etwas deftiger und herzhafter mag, der gibt noch Schinken- oder Speckwürfel in den Topf und gart sie mit.

ZIEGENKÄSE
& Traube

Zutaten

250 g Tortiglioni

75 g getrocknete Tomaten
in Öl, abgetropft,
in Streifen

1 Zwiebel, fein gewürfelt

1 Knoblauchzehe,
fein gehackt

500 ml Gemüsebrühe

1 TL getrockneter Thymian

1 Msp. Chiliflocken

½ TL Salz

250 g kernlose rote
Trauben, halbiert

150 g Weichkäse aus
Ziegenmilch, gewürfelt

Salz, Pfeffer

4 EL Walnusskerne,
geröstet

Thymianblätter

Wer die feine Kombination aus Ziegenkäse und süßen Früchten mag, der wird diese Pasta lieben: Zusammen mit einem pikanten Sud aus Zwiebeln, Knoblauch, Chili und einigen getrockneten Tomaten entsteht eine wunderbar herzhafte One Pot Pasta, die am Ende noch mit frisch gerösteten Walnusskernen verfeinert wird – Lieblings-Pot-Potenzial!

1. Tortiglioni, getrocknete Tomaten, Zwiebel, Knoblauch, Brühe, Thymian, Chiliflocken und Salz in einen großen Topf geben und unter Rühren zum Kochen bringen.

2. Die One Pot Pasta bei mittlerer Hitze und geschlossenem Deckel rund zehn bis elf Minuten kochen lassen, dabei immer wieder umrühren. Drei Minuten vor Ende der Garzeit die Trauben in den Topf geben und unterheben.

3. Erst unmittelbar vor Ende der Garzeit den Ziegenkäse in den Topf geben, kurz schmelzen lassen und die Pasta mit Salz und Pfeffer abschmecken.

4. Die One Pot Pasta mit gerösteten Walnüssen und Thymianblättern garniert servieren.

NÜSSE
& Pesto

Zutaten

250 g Vollkorn-Fussili

1 Zwiebel, fein gewürfelt

1 Knoblauchzehe,
fein gehackt

500 g Kirschtomaten,
geviertelt

1 TL getrockneter
Basilikum

3 EL Basilikumpesto

450 ml Gemüsebrühe

1 Prise Zucker

½ TL Salz

1 EL Basilikumpesto

Salz, Pfeffer

3 EL Walnusskerne,
geröstet

3 EL Kernmischung,
geröstet (z.B. Sonnen-
blumenkerne, Walnuss-
kerne und
Kürbiskerne)

Basilikumblätter

Knackig mit Nüssen und Kernen, dazu Vollkornnudeln und grünes Pesto – diese One Pot Pasta kommt mit allerhand gesunden Energielieferanten daher und ist im Nu zubereitet.

1. Vollkorn-Fussili, Zwiebel, Knoblauch, Tomaten, Basilikum, Pesto, Gemüsebrühe, Zucker und Salz in einen großen Kochtopf geben und unter Rühren zum Kochen bringen.

2. Die One Pot Pasta bei mittlerer Hitze und geschlossenem Deckel etwa zehn bis elf Minuten kochen lassen. Dabei immer wieder umrühren.

3. Nach Ende der Garzeit das übrige Pesto zu den Nudeln geben und mit Salz und Pfeffer abschmecken. Die frisch gerösteten Kerne unterheben und die One Pot Pasta mit Basilikumblättern garniert servieren.

LACHS
& Meerrettich

Zutaten

250 g Gemelli

1 Zwiebel, fein gewürfelt

3 Möhren, in dünnen Scheiben

150 g Erbsen, tiefgefroren, nicht aufgetaut

450 ml Gemüsebrühe

250 g Lachsfilet, in Streifen oder Würfeln

100 g Crème Fraîche

2 TL scharfer Meerrettich

3 Zweige frischer Dill, fein geschnitten

1 TL geriebene Schale einer Biozitrone

Salz, Pfeffer

Fisch, Pasta und Gemüse in einem Topf: Diese One Pot Pasta überrascht durch die feine Meerrettichsoße und den leichten Zitronengeschmack. Wer keinen Dill mag, lässt ihn einfach weg.

1. Gemelli, Zwiebel, Möhren, Erbsen, Gemüsebrühe und Salz in einen großen Kochtopf geben und unter Rühren zum Kochen bringen.

2. Die One Pot Pasta bei mittlerer Hitze und geschlossenem Deckel etwa zehn Minuten kochen lassen. Ein bis zwei Minuten vor Ende der Garzeit die Lachswürfel oder -streifen hinzugeben und bei kleiner Hitze mit gar ziehen lassen.

3. Crème Fraîche, Meerrettich, Dill und Zitronenschale verrühren und vorsichtig unter die Nudeln heben. Die One Pot Pasta mit Salz und Pfeffer abschmecken. Mit einem kleinen Zweig Dill garniert servieren.

PASTA *Primavera*

Zutaten

250 g Penne rigate

2 Möhren, in dünnen Scheiben

150 g Champignons, geviertelt

150 g Brokkoliröschen

150 g Erbsen, tiefgefroren (frische Erbsen erst 4 Minuten später dazugeben)

200 g grüner Spargel, geschält, in 2 cm langen Stücken

1 TL Salz

1 Prise Zucker

450 ml Gemüsebrühe

75 g Crème Fraîche

½ TL geriebene Schale einer Biozitrone

1 Spritzer Zitronensaft

Salz, Pfeffer

Petersilienblätter

Knackiges Gemüse und Nudeln, die sich in einer cremigen Soße wälzen – die perfekte Frühlingspasta, nicht nur für Vegetarier!

1. Penne, Möhren, Champignons, Brokkoli, Erbsen, Spargel, Salz, Zucker und Gemüsebrühe in einen großen Topf geben und unter Rühren zum Kochen bringen.

2. Die One Pot Pasta bei mittlerer Hitze rund zehn bis elf Minuten kochen lassen und immer wieder umrühren.

3. Nach Ende der Garzeit Crème Fraîche, Zitronenschale und -saft unterheben und die Pasta mit Salz und Pfeffer abschmecken. Mit frischer Petersilie garniert servieren.

BROKKOLI
& Schinken

Zutaten

250 g Makkaroni

1 Zwiebel, fein gewürfelt

300 g Brokkoliröschen

125 g geräucherter
Schinken, gewürfelt

½ TL Salz

500 ml Gemüsebrühe

50 g Crème Fraîche

½ Bund Petersilie, fein
geschnitten

Salz, Pfeffer

Petersilienblätter

Eher deftig als mediterran: Mit geräucherten Schinken-würfeln und frischen Brokkoliröschen schmeckt diese One Pot Pasta besonders herzhaft und bodenständig. Für noch mehr cremige Soße einfach zwei weitere Löffel Crème Fraîche verwenden.

1. Makkaroni, Zwiebeln, Brokkoli, Schinkenwürfel, Salz und Gemüsebrühe in einen großen Kochtopf geben und unter Rühren zum Kochen bringen.

2. Die One Pot Pasta bei mittlerer Hitze und geschlos-senem Deckel rund zehn bis elf Minuten kochen lassen, dabei immer wieder umrühren.

3. Nach Ende der Garzeit Crème Fraîche und Petersilie unterheben und die One Pot Pasta mit Salz und Pfeffer abschmecken. Mit Petersilienblättern garniert servieren.

Impressum

Bibliografische Information der Deutschen Bibliothek.

Die Deutsche Bibliothek verzeichnet diese Publikation in der deutschen Nationalbibliografie.

Detaillierte bibliografische Daten sind im Internet über http://www.d-nb.de/ abrufbar.

Die im Buch veröffentlichten Aussagen und Ratschläge wurden von Verfasserin und Verlag sorgfältig erarbeitet und geprüft. Eine Garantie für das Gelingen kann jedoch nicht übernommen werden, ebenso ist die Haftung der Verfasserin bzw. des Verlags und seiner Beauftragten für Personen-, Sach- und Vermögensschäden ausgeschlossen.

Bei der Verwendung im Unterricht ist auf dieses Buch hinzuweisen.

EIN BUCH DER EDITION MICHAEL FISCHER

1. Auflage 2016

© 2016 Edition Michael Fischer GmbH, Igling

Layout, Satz & Cover: Silvia Keller

Redaktion und Lektorat: Juliane Rottach

Fotos: Stefanie Hiekmann; Autorenbild: Leon Sütfeld

ISBN 978-3-86355-453-8

Printed in Slovakia

www.emf-verlag.de

Über die Autorin

Stefanie Hiekmann ist Journalistin, Foodfotografin und Autorin und präsentiert ihre selbst entwickelten Rezepte und Ideen auf ihrem erfolgreichen Blog schmecktwohl.de. Im Mittelpunkt stehen hier Inspirationen mit saisonaler Ernte, frischen Zutaten und abwechslungsreichen Kräutern und Gewürzen. Diese finden sich auch in ihren Rezepten zum One-Pot-Trend wieder. Hausgemachte Bolognese, cremige Currysoßen mit Gewürzen, Kräutern und Chili sowie Kombinationen aus Früchten und Käse sind genauso Teil des Buches wie leckere Kreationen mit saisonalen Gemüsesorten.

Vielen Dank an die Firmen Berndes, Villeroy & Boch und Kahla für die Bereitstellung von Requisiten für die Fotografien. Darüber hinaus möchte ich auch meiner Lektorin Juliane Rottach für die unkomplizierte und kreative Zusammenarbeit herzlich danken.